스스로

급수
한자

실전연습으로 시험준비 끝
7급Ⅱ·문제집

스쿨존에듀
SCHOOLZONE

스스로 급수한자 문제집 7급 II

ISBN 979-11-92878-00-3 63700

초판 1쇄 펴낸날 2023년 1월 10일

펴낸이 정혜옥 ‖ 기획 컨텐츠연구소 수(秀)
표지디자인 book design twoesdesign.com ‖ 내지디자인 이지숙
마케팅 최문섭 ‖ 편집 연유나, 이은정

펴낸곳 스쿨존에듀
출판등록 2021년 3월 4일 제 2021-000013호
주소 04779 서울시 성동구 뚝섬로 1나길 5(헤이그라운드) 7층
전화 02)929-8153 ‖ 팩스 02)929~8164
E-mail goodinfobooks@naver.com

〈스스로 급수한자 문제집〉으로 시험을 쉽게~

그동안 열심히 익힌 한자, 시험을 준비하고 있다면 문제집만 한 게 없죠.
실제 시험 출제 유형 그대로 연습문제를 풀어보고, 목표한 점수만큼 나오는지 체크해 보아요.

☑ 똑똑하게 활용하기 1

4~5쪽에 있는 해당 한자를 먼저 읽고 시작해요. 기초 다지기가
잘되어 있는지 확인하고 문제를 풀면 문제가 쉬워져요.

☑ 똑똑하게 활용하기 2

실제 시험시간 60분에 맞춰 풀어보세요. 시험의 긴장감을
미리 체험해 실전에서 편안해질 수 있어요.

☑ 똑똑하게 활용하기 3

모의고사 3회분에서는 답안지를 오려 실전처럼 답을 작성
하고 채점해 보아요. 연습만이 실수를 줄일 수 있어요.

☑ 똑똑하게 활용하기 4

'연습문제 1'을 풀어보고 채점을 해 보아요. 맞은 문제가
42개가 안 된다면 문제집은 접어두고 익힘책으로 다시
공부해요.

☑ 똑똑하게 활용하기 5

틀린 문제들만 따로 풀어보아요. 부족한 부분을 진단
하고 확인하는 게 문제 풀이의 핵심이에요.

家	間	江	車	空	工	敎	校	九	國
집 가	사이 간	강 강	수레 거/차	빌 공	장인 공	가르칠 교	학교 교	아홉 구	나라 국
軍	金	記	氣	南	男	內	女	年	農
군사 군	쇠 금/성씨 김	기록할 기	기운 기	남녘 남	사내 남	안 내	여자 녀(여)	해 년(연)	농사 농
答	大	道	東	動	力	六	立	萬	每
대답 답	큰 대	길 도	동녘 동	움직일 동	힘 력(역)	여섯 륙(육)	설 립(입)	일만 만	매양 매
名	母	木	門	物	民	方	白	父	北
이름 명	어머니 모	나무 목	문 문	물건 물	백성 민	모 방	흰 백	아버지 부	북녘 북
不	四	事	山	三	上	生	西	先	姓
아닐 불/부	넉 사	일 사	메/산 산	석 삼	윗 상	날 생	서녘 서	먼저 선	성 성

世	小	水	手	時	市	食	室	十	安
인간 세	작을 소	물 수	손 수	때 시	저자 시	밥/먹을 식	집 실	열 십	편안 안
五	午	王	外	右	月	二	人	一	日
다섯 오	낮 오	임금 왕	바깥 외	오른 우	달 월	두 이	사람 인	한 일	날 일
長	自	子	場	電	前	全	正	弟	足
긴 장	스스로 자	아들 자	마당 장	번개 전	앞 전	온전 전	바를 정	아우 제	발 족
左	中	直	靑	寸	七	土	八	平	下
왼 좌	가운데 중	곧을 직	푸를 청	마디 촌	일곱 칠	흙 토	여덟 팔	평평할 평	아래 하
學	韓	漢	海	兄	火	話	活	孝	後
배울 학	나라/한국 한	한수/한나라 한	바다 해	형 형	불 화	말씀 화	살 활	효도 효	뒤 후

★ 한자능력검정시험은?

사단법인 한국어문회에서 주관하고 한국한자능력검정회가 시행하는 한자활용능력시험을 말해요. 1992년 12월 9일 1회 시험을 시작으로 2001년 1월 1일 이후 국가 공인자격시험(3급Ⅱ ~ 특급)으로 치러지고 있어요.

시험에 합격하면 학교 내신에 반영된답니다. 2000학년부터는 3급과 2급 합격자를 대상으로 일부 대학에서 특기자 전형 신입생을 선발하고 있어요.

시험 응시와 관련한 자세한 사항은 한국어문회 홈페이지(www.hanja.re.kr)를 참조하세요.

★ 급수별 배정한자 수와 수준

8급 ~ 4급은 교육급수이고, 3급Ⅱ ~ 특급은 공인급수에요. 초등학생은 4급, 중·고등학생은 3급, 대학생은 1급을 목표로 하는 게 좋겠죠?

급수	읽기	쓰기	수준
8급	50	–	한자 학습 동기 부여를 위한 급수
7급Ⅱ	100	–	기초 상용한자 활용의 초급 단계
7급	150	–	기초 상용한자 활용의 초급 단계
6급Ⅱ	225	50	기초 상용한자 활용의 중급 단계
6급	300	150	기초 상용한자 활용의 고급 단계
5급Ⅱ	400	225	중급 상용한자 활용의 초급 단계
5급	500	300	중급 상용한사 활용의 초급 난계
4급Ⅱ	750	400	중급 상용한자 활용의 중급 단계
4급	1,000	500	중급 상용한자 활용의 고급 단계
3급Ⅱ	1,500	750	고급 상용한자 활용의 초급 단계
3급	1,817	1,000	고급 상용한자 활용의 중급 단계(교육부 1,800자 모두 포함)
2급	2,355	1,817	상용한자의 활용은 물론 인명지명용 기초한자 활용 단계 (상용한자+인명지명용 한자 도합 2,355자)

1급	3,500	2,005	국한혼용 고전을 불편 없이 읽고, 연구할 수 있는 수준 초급 (상용한자+준상용한자 도합 3,500자)
특급II	4,918	2,355	국한혼용 고전을 불편 없이 읽고, 연구할 수 있는 수준 중급 (KSX1001 한자 4,888자 포함)
특급	5,978	3,500	국한혼용 고전을 불편 없이 읽고, 연구할 수 있는 수준 고급 (한중 고전 추출한자 도합 5,978자)

★ 급수별 세부사항

교육급수		8급	7급II	7급	6급II	6급	5급II	5급	4급II	4급
배정한자	한자 수	50	100	150	225	300	400	500	750	1,000
	신규	50	50	50	75	75	100	100	250	250
	쓰기	−	−	−	50	150	225	300	400	500
출제문항		50	60	70	80	90	100			
합격기준		35	42	49	56	63	70			
시험시간		50분								

공인급수		3급II	3급	2급	1급	특급II	특급
배정한자	한자 수	1,500	1,817	2,355	3,500	4,918	5,978
	신규	500	317	538	1,145	1,418	1,060
	쓰기	750	1,000	1,817	2,005	2,355	3,500
출제문항		150	150	150	200	200	200
합격기준		105	105	105	160	160	160
시험시간		60분			90분	100분	

* 상위급수 한자는 모두 하위급수 한자를 포함하고 있으며, 쓰기배정 한자는 한두 급수 아래의 읽기 배정한자를 기본으로 해요.

★ 출제기준 살펴보기

☑ **독음(讀音)**

한자의 소리를 묻는 문제. 두음법칙, 속음현상, 장단음과도 관련이 있어요.

☑ **훈음(訓音)**

한자의 뜻과 소리를 동시에 묻는 문제. 특히 대표훈음을 익혀야 해요.

☑ **장단음(長短音)**

한자 단어의 첫소리 발음이 길고 짧음을 구분하고 있는가를 묻는 문제. 4급 이상에서만 출제돼요.

☑ **반의어(反意語)·상대어(相對語)**

어떤 글자(단어)와 반대 또는 상대되는 글자(단어)를 알고 있는가를 묻는 문제

☑ **성어(成語)**

고사성어나 단어의 빈칸을 채우도록 하여 단어와 성어의 이해력 및 조어력을 묻는 문제

☑ **부수(部首)**

한자의 부수를 묻는 문제. 부수는 한자의 뜻을 짐작할 수 있는 중요한 부분이에요. 4급 Ⅱ 이상에서만 출제돼요.

☑ **동의어(同意語)·유의어(類義語)**

어떤 글자(단어)와 뜻이 같거나 유사한 글자(단어)를 알고 있는가를 묻는 문제

☑ **동음이의어(同音異義語)**

소리는 같고, 뜻은 다른 단어를 알고 있는가를 묻는 문제. 6급 이상에서만 출제돼요.

☑ **뜻풀이**

고사성어나 단어의 뜻을 제대로 알고 있는가를 묻는 문제

☑ **약자(略字)**

한자의 획을 줄여서 만든 약자를 알고 있는가를 묻는 문제. 5급Ⅱ 이상에서만 출제돼요.

☑ **한자 쓰기**

제시된 뜻, 소리, 단어 등에 해당하는 한자를 쓸 수 있는가를 확인하는 문제. 6급Ⅱ 이상에서만 출제돼요.

☑ **필순(筆順)**

한 획 한 획의 쓰는 순서를 알고 있는가를 묻는 문제. 글자를 바르게 쓰기 위해 필요해요.

구분	8급	7급II	7급	6급II	6급	5급II	5급	4급II	4급	3급II	3급
독음	24	22	32	32	33	35	35	35	32	45	45
훈음	24	30	30	29	22	23	23	22	22	27	27
장단음	0	0	0	0	0	0	0	0	3	5	5
반의어(상대어)	0	2	2	2	3	3	3	3	3	10	10
동의어(유의어)	0	0	0	0	2	3	3	3	3	5	5
완성형(성어)	0	2	2	2	3	4	4	5	5	10	10
부수	0	0	0	0	0	0	0	3	3	5	5
동음이의어	0	0	0	0	2	3	3	3	3	5	5
뜻풀이	0	2	2	2	2	3	3	3	3	5	5
약자	0	0	0	0	0	3	3	3	3	3	3
한자쓰기	0	0	0	10	20	20	20	20	20	30	30
필순	2	2	2	3	3	3	3	0	0	0	0
출제문항(계)	50	60	70	80	90	100	100	100	100	150	150

★ 그밖의 한자 급수시험

한국어문회 외에도 대한검정회, 한자교육진흥회, 상공회의소에서도 한자 급수시험을 주최하고 있어요. 응시정보는 홈페이지에서 확인할 수 있어요.

주최기관	홈페이지	시험문항	합격기준	특징
대한검정회	www.hanja.ne.kr	8급 30자 25문제 7급 50자 25문제 6급 70자 50문제	70점 이상	8급~준5급까지는 객관식만 있어요. 6급까지는 뜻과 음만 알면 풀 수 있는 문제로 구성되어 있지요.
한자교육 진흥회	web.hanja114.org	8급 50자 50문제 7급 120자 50문제 6급 170자 80문제	60점 이상	8~7급은 음과 뜻 맞추기 문제로 출제되며, 쓰기 문제는 6급부터 있어요.
상공회의소	license.korcham.net	9급 50자 30문제 8급 100자 50문제 7급 150자 70문제	60점 이상	9급은 한자의 음과 뜻을 묻는 문제로만 되어 있어요. 7급부터 뜻풀이, 빈칸 채우기가 출제됩니다.

유형1 **한자의 음 쓰기**
한자어를 제대로 읽을 수 있는지 확인하는 유형입니다. 전체 60문항 중 22문항

문제 1-22 다음 밑줄 친 漢字語한자어의 음音을 쓰세요.

보기

漢字 → 한자

1 책을 많이 읽는 형은 모르는 게 없는 **萬物** 박사입니다.

2 계속되는 폭우로 서울 **市內** 곳곳에 정전이 발생했습니다.

3 창문을 열자 신선한 **空氣**가 들어왔습니다.

4 나는 언니의 손을 잡고 **學校**에 갔습니다.

5 그 집은 우리 동네 국수의 **名家**로 유명해요.

6 이 도로는 우리나라의 **東西**를 연결합니다.

7 우리 **工場**에는 외국인 노동자가 여럿 있습니다.

8 아이들이 길을 **安全**하게 건널 수 있도록 살펴야 합니다.

9 이순신 장군이 명량 해협에서 적의 **水軍**을 무찔렀습니다.

10 지난 주말 **漢江** 시민 공원에서 열리는 어린이날 행사에 갔습니다.

11 그는 **每事**에 의욕이 넘쳤습니다.

12 **平生**을 두고 잊지 못할 일입니다.

13 오랜만에 만난 **母子**의 이야기는 끝이 없었습니다.

14 그 가게는 **午前** 9시에 문을 엽니다.

15 **韓食**, 중식, 일식, 양식 중에 뭘 좋아하나요?

16 그 지역에는 **農土**가 모여 있습니다.

17 망치는 **木手**에게 매우 요긴한 물건입니다.

18 재학생이 줄면서 빈 **教室**들이 늘어났습니다.

19 광화문은 경복궁의 **正門**입니다.

20 배선망 점검으로 당분간 **電力** 공급이 중단될
예정입니다.

21 신문을 샅샅이 읽었지만 그런 **記事**는 없었습니다.

22 어려울 때는 먼 친척보다 이웃 **四寸**이 낫다고
합니다.

정답

1 만물 2 시내 3 공기 4 학교 5 명가 6 동서 7 공장 8 안전 9 수군 10 한강 11 매사 12 평생 13 모자
14 오전 15 한식 16 농토 17 목수 18 교실 19 정문 20 전력 21 기사 22 사촌

유형2 한자의 훈과 음 쓰기와 찾기
한자의 훈과 음을 정확하게 알고 있는지 확인하는 유형입니다. 직접 쓰는 형식과 보기에서 찾는 형식으로 나뉘어 출제. 전체 60문항 중 30문항

문제 23~42 다음 한자漢字의 훈(訓:뜻)과 음(音:소리)을 쓰세요.

보기

字 → 글자 자

23 孝

24 先

25 兄

26 姓

27 海

28 靑

29 南

30 國

31 大

32 方

33 山

34 世

35 中

36 九

37 火

38 民

39 弟

40 話

41 動

42 答

TIP

한자에는 훈은 같은데 음이 다르거나, 음은 같은데 훈이 다른 경우들이 있어요. 정확하게 알고 있다면 문제 없겠죠?

문제 43-52 다음 훈(訓:뜻)과 음(音:소리)에 맞는 漢字한자를 〈보기〉에서 골라 그 번호를 쓰세요.

보기

① 金 ② 不 ③ 四 ④ 母 ⑤ 年 ⑥ 王 ⑦ 外 ⑧ 月 ⑨ 小 ⑩ 長

43 넉 사

44 해 년(연)

45 쇠 금/성씨 김

46 임금 왕

47 달 월

48 어머니 모

49 긴 장

50 작을 소

51 아닐 불/부

52 바깥 외

23 효도 효 24 먼저 선 25 형 형 26 성 성 27 바다 해 28 푸를 청 29 남녘 남 30 나라 국 31 큰 대
32 모 방 33 메/산 산 34 인간 세 35 가운데 중 36 아홉 구 37 불 화 38 백성 민 39 아우 제 40 말씀 화
41 움직일 동 42 대답 답 43 ③ 44 ⑤ 45 ① 46 ⑥ 47 ⑧ 48 ④ 49 ⑩ 50 ⑨ 51 ② 52 ⑦

유형3 단어에 알맞은 한자어 찾기

단어의 뜻을 이해하고 그에 알맞은 한자어를 찾을 수 있는지, 한자어의 정확한 뜻을
알고 있는지 등을 확인하는 유형입니다. 전체 60문항 중 4문항

문제 53~54 다음 밑줄 친 말에 漢字語한자어를 〈보기〉에서 골라 그 번호를 쓰
세요.

보기

① 時間 ② 五時 ③ 自足 ④ 不足

53 시간 있으면 차라도 한잔 할까요?

54 이번 시합에서는 졌지만 최선을 다했다고
   자족했습니다.

TIP

한자어를 통해 한자를 익히면
한자가 문장 속에서 어떻게
쓰이는지 정확히 알 수 있어요.
우리말이 풍성해지는 건
이러한 공부과정에서 오는 것
이겠죠? 한자어를 묻는 문제는
보통 뜻이 분명한 경우이니
너무 어렵게 생각하지 말고
기본적인 의미를 정확하게
공부해요.

문제 55~56 다음 뜻에 맞는 漢字語한자어를 〈보기〉에서 골라 그 번호를 쓰세요.

보기
① 車道 ② 人道 ③ 自白 ④ 自足

55 사람이 다니는 길

56 자기의 허물이나 죄 따위를 스스로 고백함

정답
53 ① 54 ③ 55 ② 56 ③

유형4 **뜻이 상대 또는 반대되는 한자 찾기**
주어진 한자와 뜻이 반대되거나 상대되는 한자를 찾아낼 수 있는지 묻는 유형입니다.
전체 60문항 중 2문항

문제 57-58 다음 漢字한자의 상대 또는 반대되는 漢字한자를 〈보기〉에서 골라 그 번호를 쓰세요.

보기
① 後 ② 下 ③ 左 ④ 中

TIP
上下나 左右처럼 말 그대로 반대되는 뜻을 가진 한자를 찾는 문제에요. 익힘책에서 공부했다면 자연스럽게 떠오르겠죠?

57 上 ↔ (   )

58 (   ) ↔ 右

정답
57 ② 58 ③

유형5 **한자의 쓰는 순서 찾기**
주어진 한자의 필순(筆順:쓰는 순서)을 정확하게 알고 있는지 확인하는 유형입니다.
전체 60문항 중 2문항

문제 59-60 다음 한자의 진하게 표시한 획은 몇 번째 쓰는지 〈보기〉에서 찾
아 그 번호를 쓰세요.

보기

① 첫 번째 ② 두 번째 ③ 세 번째 ④ 네 번째 ⑤ 다섯 번째 ⑥ 여섯 번째
⑦ 일곱 번째

59 弟

60 正

TIP

한자를 익힐 때 필순을 무시
하기 쉬운데요, 처음부터
정확하게 쓰면서 익히면
어렵지 않아요.

정답

59 ⑥ 60 ④

문제 1-22 다음 밑줄 친 漢字語한자어의 讀音(독음:읽는 소리)을 쓰세요.

보기

漢字 → 한자

1 삼촌은 海軍입니다.

2 내일 午後에는 비가 내린다고 합니다.

3 아버지는 우리 지역에서 유명한 木手입니다.

4 이번 주말에 四寸 동생들과 물놀이를 가기로 했습니다.

5 봄이 오면 江山에 꽃이 핍니다.

6 아파트 水道 공사로 잠시 물이 나오지 않습니다.

7 코스모스가 큰길 左右로 나란히 피었습니다.

8 새 교과서에 학년, 반, 번호, 姓明을 적었습니다.

9 우리 兄弟는 사이가 좋습니다.

10 동생은 내가 말하는 中間에 자꾸 끼어듭니다.

11 엄마는 우리집에서 유일한 女子입니다.

12 海外 출장에서 돌아온 아버지는 우리에게 선물을 안겨주셨습니다.

13 할아버지는 올해 七十세입니다.

14 이번 여름 방학 동안 제주도에서 生活하기로 했습니다.

15 책에 나오는 人物에게 편지를 써 봅시다.

16 주위가 시끄러워 電話 소리가 잘 들리지 않습니다.

17 室內로 들어오니 따뜻한 공기가 느껴집니다.

18 아버지는 **自力**으로 지금의 성공을 이루셨습니다.

19 할머니는 가족 모두의 **平安**을 기도하십니다.

20 언니가 **全校** 회장 선거에 출마했습니다.

21 형은 **國家**대표 축구선수가 되는 게 꿈입니다.

22 온 **世上**이 하얀 눈으로 뒤덮였습니다.

문제 23-42 다음 漢字한자의 훈(訓:뜻)과 음(音:소리)을 쓰세요.

보기

字 → 글자 자

23 農

24 方

25 午

26 敎

27 安

28 足

29 水

30 上

31 動

32 空

33 事

34 靑

35 平

36 學

37 場

38 直

39 世

40 每

41 門

42 食

문제 43-44 다음 밑줄 친 漢字語 한자어를 〈보기〉에서 찾아 그 번호를 쓰세요.

보기

① 下山 ② 學年 ③ 市長 ④ 市場

43 새학기가 시작되면 3<u>학년</u>이 됩니다.

44 <u>시장</u>에서 맛있는 호떡을 먹었습니다.

문제 45-54 다음 訓(훈:뜻)과 音(음:읽는 소리)에 맞는 漢字한자를 〈보기〉에서 골라 그 번호를 쓰세요.

보기

① 小 ② 父 ③ 江 ④ 食 ⑤ 八
⑥ 子 ⑦ 力 ⑧ 大 ⑨ 韓 ⑩ 內

45 아버지 부

46 밥/먹을 식

47 여덟 팔

48 한국/나라 한

49 강 강

50 큰 대

51 아들 자

52 안 내

53 힘 력(역)

54 작을 소

문제 55-56 다음 漢字_{한자}의 상대 또는 반대되는 漢字_{한자}를 〈보기〉에서 골라 그 번호를 쓰세요.

보기

① 後 ② 前 ③ 子 ④ 父

55 先 ↔ (   )

56 (   ) ↔ 母

문제 57-58 다음 뜻에 맞는 漢字語_{한자어}를 〈보기〉에서 찾아 그 번호를 쓰세요.

보기

① 空間 ② 前後 ③ 前年 ④ 日氣

57 이 해의 바로 앞의 해

58 아무것도 없는 빈 곳

문제 59-60 다음 漢字_{한자}의 진하게 표시한 획은 몇 번째 쓰는지 〈보기〉에서 찾아 그 번호를 쓰세요.

보기

① 첫 번째 ② 두 번째 ③ 세 번째
④ 네 번째 ⑤ 다섯 번째 ⑥ 여섯 번째
⑦ 일곱 번째

59

60

공부한 날 : (   )년 (   )월 (   )일   맞은 문제 : (   )개

*합격기준은 42개!

문제 1-22 다음 밑줄 친 漢字語한자어의 讀音(독음:읽는 소리)을 쓰세요.

보기

漢字 → 한자

1 校長 선생님의 말씀이 이어졌습니다.

2 우리가 만날 時間이 얼마 남지 않았습니다.

3 겨울이 오니 手足이 차가워졌습니다.

4 지난주 주말 農場에서 채소들을 수확했습니다.

5 우리 동네에서는 아주머니들이 모여 家內 수공업 형태로 메주를 만들어 파십니다.

6 고구려는 수나라를 이긴 東方의 강국이었습니다.

7 日記를 쓰며 오늘 하루를 정리했습니다.

8 구슬을 삼켜 氣道가 막힐 뻔한 동생이 울었습니다.

9 午前에는 아무일도 안하기로 마음 먹었습니다.

10 약사는 하루 세 번 食後 30분마다 약을 먹으라고 합니다.

11 아버지는 동네에서 소문난 孝子입니다.

12 電話는 용건만 간단히

13 나는 엄마아빠가 世上에서 제일 좋습니다.

14 고구려의 벽화에서는 고구려인의 生動하는 기상을 엿볼 수 있습니다.

15 市立 도서관에서는 주말마다 작은 행사가 열립니다.

16 *海物*을 많이 넣은 샤브샤브를 좋아합니다.

17 **工事** 때문에 길이 많이 막힙니다.

18 정답지에는 수험번호와 **姓名**을 써 넣으세요.

19 이번 운동회는 *白軍*의 승리입니다.

20 *正答*을 확인하며 채점을 했습니다.

21 *全力*을 다해 뛰었습니다.

22 부모님은 항상 **正直**하게 살아야 한다고 말씀하십니다.

문제 23-42 다음 漢字한자의 훈(訓:뜻)과 음(音:소리)을 쓰세요.

보기

字 → 글자 자

23 教
24 土
25 七
26 立
27 話
28 九
29 北
30 子
31 女
32 空
33 左
34 後
35 午
36 外
37 手
38 姓
39 南
40 海
41 工
42 全

문제 43-44 다음 밑줄 친 漢字語 한자어를 〈보기〉에서 찾아 그 번호를 쓰세요.

보기
① 每月 ② 母子 ③ 東西 ④ 南北

43 한반도는 <u>남북</u>으로 나뉘어 있습니다.

44 <u>매월</u> 1일에 용돈을 받습니다.

문제 45-54 다음 訓(훈:뜻)과 音(음:읽는 소리)에 맞는 漢字한자를 〈보기〉에서 골라 그 번호를 쓰세요.

보기
① 不 ② 金 ③ 漢 ④ 答 ⑤ 孝
⑥ 前 ⑦ 白 ⑧ 萬 ⑨ 市 ⑩ 七

45 일곱 칠

46 일만 만

47 대답 답

48 흰 백

49 쇠 금 / 성씨 김

50 저자 시

51 한수/한나라 한

52 효도 효

53 앞 전

54 아닐 불/부

문제 55-56 다음 漢字한자의 상대 또는 반대되는 漢字한자를 〈보기〉에서 골라 그 번호를 쓰세요.

보기
① 火 ② 木 ③ 男 ④ 南

55 ( ) ↔ 女

56 ( ) ↔ 水

문제 57-58 다음 뜻에 맞는 漢字語한자어를 〈보기〉에서 찾아 그 번호를 쓰세요.

보기
① 平安 ② 正直 ③ 室內 ④ 室外

57 마음에 거짓이나 꾸밈이 없이 바르고 곧음

58 방이나 건물 따위의 안

문제 59-60 다음 漢字한자의 진하게 표시한 획은 몇 번째 쓰는지 〈보기〉에서 찾아 그 번호를 쓰세요.

보기
① 첫 번째 ② 두 번째 ③ 세 번째
④ 네 번째 ⑤ 다섯 번째 ⑥ 여섯 번째

59

60

문제 1-22 다음 밑줄 친 漢字語한자어의 讀音(독음:읽는 소리)을 쓰세요.

1 현관을 들어서니 **左右**로 방이 나란히 있습니다.

2 체육 시간이 되자 아이들이 운동장으로 **一時**에 뛰쳐나갔습니다.

3 이 동네로 이사 온 지도 **五年**이 지났습니다.

4 이 **世上**에는 궁금한 것들 투성이입니다.

5 아버지는 **每日** 아침 조깅을 하십니다.

6 **市民**들을 위한 바자회가 열렸습니다.

7 **國軍** 아저씨가 경례를 합니다.

8 마을 외곽에는 **工場**들이 모여 있는 산업단지가 있습니다.

9 겨울 아침의 싸늘한 **大氣**가 몸을 감쌌습니다.

10 놀이터 기구들의 **安全** 진단이 필요합니다.

11 손을 다리와 **水平**이 되게 쭉 뻗었습니다.

12 연을 **空中**으로 날려 보냈습니다.

13 버스정류장에서 우리집까지는 **二十**분 정도 걸립니다.

14 엄마는 **室內**에서 키우기 좋은 화초를 골랐습니다.

15 누나는 방과후에 **木工**을 배우고 있습니다.

16 갑자기 **電話**벨이 울려 놀랐습니다.

17 **學校** 앞에는 맛있는 떡볶이 집이 있습니다.

18 이번 여름에는 <u>海外</u>로 여행을 가기로 했습니다.

19 할머니는 자연과 함께하는 <u>青山</u>에서 살고 싶다 하십니다.

20 왕비는 <u>王子</u> 둘을 낳았습니다.

21 안경을 벗으니 <u>前方</u>이 흐릿해졌습니다.

22 야생 동물의 <u>生活</u>을 관찰했습니다.

문제 23-42 다음 漢字한자의 훈(訓:뜻)과 음(音:소리)을 쓰세요.

보기

字 → 글자 자

23 空

24 母

25 下

26 白

27 北

28 時

29 每

30 場

31 漢

32 話

33 名

34 水

35 先

36 萬

37 青

38 正

39 車

40 不

41 活

42 六

문제 43-44 다음 밑줄 친 漢字語 한자어를 〈보기〉에서 찾아 그 번호를 쓰세요.

보기

① 青白 ② 江山 ③ 大事 ④ 人物

43 우리나라에는 아름다운 강산이 많습니다.

44 이 공연에는 새로운 인물이 많이 등장합니다.

문제 45-54 다음 訓(훈:뜻)과 音(음:읽는 소리)에 맞는 漢字한자를 〈보기〉에서 골라 그 번호를 쓰세요.

보기

① 南 ② 金 ③ 東 ④ 直 ⑤ 五
⑥ 八 ⑦ 右 ⑧ 名 ⑨ 自 ⑩ 人

45 이름 명

46 곧을 직

47 쇠 금 / 성씨 김

48 사람 인

49 스스로 자

50 오른 우

51 다섯 오

52 남녘 남

53 여덟 팔

54 동녘 동

문제 55-56 다음 漢字_{한자}의 상대 또는 반대되는 漢字_{한자}를 〈보기〉에서 골라 그 번호를 쓰세요.

보기

① 小 ② 校 ③ 學 ④ 中

55 教 ↔ (   )

56 大 ↔ (   )

문제 57-58 다음 뜻에 맞는 漢字語_{한자어}를 〈보기〉에서 찾아 그 번호를 쓰세요.

보기

① 人物 ② 父女 ③ 姓名 ④ 下山

57 산에서 내려오거나 내려감

58 성과 이름을 아울러 이르는 말

문제 59-60 다음 漢字_{한자}의 진하게 표시한 획은 몇 번째 쓰는지 〈보기〉에서 찾아 그 번호를 쓰세요.

보기

① 첫 번째 ② 두 번째 ③ 세 번째
④ 네 번째 ⑤ 다섯 번째 ⑥ 여섯 번째
⑦ 일곱 번째 ⑧ 여덟 번째
⑨ 아홉 번째

59

60

60문항 | 50분 시험

공부한 날 : ( )년 ( )월 ( )일   맞은 문제 : ( )개

*합격기준은 42개!

문제 1-22 다음 밑줄 친 漢字語한자어의 讀音(독음:읽는 소리)을 쓰세요.

보기

漢字 → 한자

1 사촌오빠는 갓 스물이 된 **青年**입니다.

2 가정의 **平安**과 건강을 빕니다.

3 겨울이 오려는지 **空氣**가 하루가 다르게 차가워졌습니다.

4 **母女**는 자매로 오해받기도 합니다.

5 이장님은 마을 일이라면 **大小**를 가리지 않고 앞장섭니다.

6 모든 **事物**이 네트워크로 연결되고 있습니다.

7 부모님께 **孝道**하고 싶습니다.

8 아버지는 **時間**을 내서 우리와 대화하는 걸 좋아하십니다.

9 **長男**인 아버지의 주도로 제사가 이루어집니다.

10 아저씨는 아직도 **手動** 변속기를 단 자동차를 몹니다.

11 **萬一**을 모르니 미리 준비해서 나쁠 것은 없습니다.

12 **子女**는 부모의 거울입니다.

13 **韓國**의 다양한 문화가 세계에 널리 알려지고 있습니다.

14 다음 정류장에서 **下車**하시기 바랍니다.

15 인류가 다른 동물과 구별되는 하나는 **直立**한다는 것입니다.

16 **先生**님의 설명에 이해가 잘 되었습니다.

17 횡단보도를 건널 때는 *左右*를 잘 살펴야 합니다.

18 문제가 된 지역의 *海水*를 분석한 결과 오염이 심했습니다.

19 다음 시간에는 **安全** 교육이 있습니다.

20 친구는 아무런 **不平** 없이 도와주었습니다.

21 갑자기 건물의 *電氣* 공급이 중단되었습니다.

22 배우는 자세가 좋은 *學生*이라고 칭찬받았습니다.

문제 23-42 다음 漢字한자의 훈(訓:뜻)과 음(音:소리)을 쓰세요.

보기

字 → 글자 자

23 中

24 王

25 西

26 自

27 午

28 校

29 工

30 足

31 北

32 車

33 答

34 木

35 月

36 話

37 記

38 氣

39 寸

40 食

41 力

42 父

다음 밑줄 친 漢字語 한자어를 〈보기〉에서 찾아 그 번호를 쓰세요.

보기

① 午後 ② 市長 ③ 先手 ④ 江山

43 맑던 하늘이 오후가 되면서 흐려 졌습니다.

44 재빨리 일어섰지만 선수를 빼앗 겼습니다.

문제 45-54 다음 訓(훈:뜻)과 音(음:읽는 소리)에 맞는 漢字한자를 〈보기〉에서 골 라 그 번호를 쓰세요.

보기

① 水 ② 食 ③ 七 ④ 間 ⑤ 母
⑥ 立 ⑦ 時 ⑧ 上 ⑨ 外 ⑩ 平

45 사이 간

46 바깥 외

47 먹을 식

48 설 립(입)

49 평평할 평

50 일곱 칠

51 물 수

52 때 시

53 어머니 모

54 윗 상

문제 55-56 다음 漢字_{한자}의 상대 또는 반대되는 漢字_{한자}를 〈보기〉에서 골라 그 번호를 쓰세요.

> **보기**
>
> ① 上 ② 前 ③ 東 ④ 南

55 (　　　) ↔ 北

56 (　　　) ↔ 下

문제 57-58 다음 뜻에 맞는 漢字語_{한자어}를 〈보기〉에서 찾아 그 번호를 쓰세요.

> **보기**
>
> ① 先王 ② 小食 ③ 名山 ④ 四方

57 음식을 적게 먹음

58 이름난 산

문제 59-60 다음 漢字_{한자}의 진하게 표시한 획은 몇 번째 쓰는지 〈보기〉에서 찾아 그 번호를 쓰세요.

> **보기**
>
> ① 첫 번째 ② 두 번째 ③ 세 번째
> ④ 네 번째 ⑤ 다섯 번째 ⑥ 여섯 번째
> ⑦ 일곱 번째

59

60

공부한 날 : (   )년 (   )월 (   )일   맞은 문제 : (   )개

*합격기준은 42개!

문제 1-22 다음 밑줄 친 漢字語한자어의 讀音(독음:읽는 소리)을 쓰세요.

보기

漢字 → 한자

1 우리 도서관은 **每月** 넷째 주 월요일에 휴관입니다.

2 아버지는 **家長**이 되고 더 열심히 일하십니다.

3 어머니는 김치 **工場**에 다니십니다.

4 아까 선생님한테 **電話**가 왔었어요.

5 토요일 **午前** 11시에 발레수업이 있습니다.

6 선거 포스터가 **校門** 옆 담에 붙었습니다.

7 답안지에 **正答**을 적으세요.

8 갑자기 나타난 **軍人**들 때문에 모두 놀랐습니다.

9 아이들은 **教室**이 떠날갈 듯 떠들었습니다.

10 오늘은 짝꿍의 **生日**입니다.

11 왕은 **王子**에게 왕위를 물려주었습니다.

12 **車道**로 뛰어드는 고양이 때문에 놀랐습니다.

13 심청이는 유명한 **孝女**입니다.

14 즐거운 **間食** 시간이 되었습니다.

15 그는 **動物**을 무척 좋아합니다.

16 외동인 나는 **兄弟**가 많은 친구가 부럽습니다.

17 **水力**을 이용해 발전기를 돌립니다.

18 급박하게 돌아가는 상황에 일의 **先後**를 헤아릴 수 없었습니다.

19 한라산에는 여러 식물이 **自生**
합니다.

20 오빠는 **校內** 과학대회에서 금
상을 받았습니다.

21 나는 우리집의 **長女**입니다.

22 저녁식사 **直後**라 과일을 다 먹
지 못했습니다.

문제 23-42 다음 漢字한자의 훈(訓:뜻)
과 음(音:소리)을 쓰세요.

보기

字 → 글자 자

23 先
24 土
25 學
26 東
27 不
28 小
29 南
30 三
31 方
32 外
33 電
34 寸
35 九
36 白
37 生
38 八
39 市
40 名
41 火
42 記

문제 43-44 다음 밑줄 친 漢字語
한자어를 〈보기〉에서 찾아 그 번호를
쓰세요.

보기

① 事前 ② 兄弟 ③ 弟子 ④ 前後

43 변동이 있으면 사전에 연락 주십
시오.

44 어른이 된 제자를 보시고 흐뭇해
하셨습니다.

문제 45-54 다음 訓(훈:뜻)과 音(음:읽는
소리)에 맞는 漢字한자를 〈보기〉에서 골
라 그 번호를 쓰세요.

보기

① 五 ② 姓 ③ 王 ④ 男 ⑤ 弟
⑥ 力 ⑦ 農 ⑧ 室 ⑨ 下 ⑩ 十

45 농사 농

46 다섯 오

47 아우 제

48 아래 하

49 사내 남

50 임금 왕

51 집 실

52 힘 력(역)

53 열 십

54 성 성

문제 55-56 다음 漢字한자의 상대 또는 반대되는 漢字한자를 〈보기〉에서 골라 그 번호를 쓰세요.

보기
① 左 ② 手 ③ 名 ④ 月

55 日 ↔ (   )

56 (   ) ↔ 右

문제 57-58 다음 뜻에 맞는 漢字語한자어를 〈보기〉에서 찾아 그 번호를 쓰세요.

보기
① 南門 ② 四寸 ③ 自立 ④ 日記

57 아버지의 친형제자매의 아들이나 딸과의 촌수

58 남에게 의지하거나 종속되지 않고 스스로의 힘으로 섬

문제 59-60 다음 漢字한자의 진하게 표시한 획은 몇 번째 쓰는지 〈보기〉에서 찾아 그 번호를 쓰세요.

보기
① 첫 번째 ② 두 번째 ③ 세 번째
④ 네 번째 ⑤ 다섯 번째 ⑥ 여섯 번째
⑦ 일곱 번째 ⑧ 여덟 번째
⑨ 아홉 번째 ⑩ 열 번째

59

60

공부한 날 : ( )년 ( )월 ( )일   맞은 문제 : ( )개

*합격기준은 42개!

문제 1-22 다음 밑줄 친 漢字語한자어의 讀音(독음:읽는 소리)을 쓰세요.

보기

漢字 → 한자

1 내 **姓**은 한자로 쓰기에 어렵습니다.

2 이 건물은 **正門**이 어디인지 구별하기 힘듭니다.

3 겨울에는 **室內** 활동이 많아집니다.

4 나는 **每日** 한자공부를 합니다.

5 봄이 오면 **江山**에 꽃이 핍니다.

6 그들의 **平安**을 빌어 주었습니다.

7 **下校**하는 아이들로 떠들썩합니다.

8 그는 **南北**의 화합을 위해 애썼습니다.

9 마트와는 다른 **市場**의 분위기가 좋습니다.

10 할아버지는 넓은 **農土**를 경작하고 계십니다.

11 **火力**이 세야 요리하기 좋습니다.

12 전쟁이 발발하자 **全軍**이 동원되었습니다.

13 아무리 생각해도 **名答**이 떠오르지 않습니다.

14 오빠는 비행기를 조종하는 **空軍**이 되고 싶어합니다.

15 넘실대는 파도에 배가 **左右**로 흔들립니다.

16 수출이 **前年**에 비해 크게 늘었습니다.

17 **萬一** 비가 오면 모든 경기는 취소됩니다.

18 몇 년 사이에 <u>世上</u>이 많이 변했습니다.

19 전철이 <u>漢江</u> 위를 지나고 있습니다.

20 새가 <u>空中</u>으로 힘껏 날아올랐습니다.

21 언니는 아침부터 <u>生氣</u>가 넘칩니다.

22 어제 사고에 대한 <u>記事</u>가 신문에 실렸습니다.

문제 23-42 다음 漢字_{한자}의 훈(訓:뜻)과 음(音:소리)을 쓰세요.

보기

字 → 글자 자

23 木

24 七

25 午

26 母

27 左

28 萬

29 外

30 生

31 自

32 時

33 方

34 活

35 道

36 話

37 寸

38 海

39 工

40 中

41 正

42 軍

다음 밑줄 친 漢字語 한자어를 〈보기〉에서 찾아 그 번호를 쓰세요.

보기

① 不足 ② 下山 ③ 食水 ④ 中間

43 수재민들은 식수가 부족해 어려움을 겪고 있습니다.

44 중간에 길을 잃어 밤이 되어서야 하산했습니다.

다음 訓(훈:뜻)과 音(음:읽는 소리)에 맞는 漢字한자를 〈보기〉에서 골라 그 번호를 쓰세요.

보기

① 江 ② 土 ③ 先 ④ 韓 ⑤ 記
⑥ 動 ⑦ 日 ⑧ 方 ⑨ 安 ⑩ 足

45 편안 안

46 움직일 동

47 날 일

48 먼저 선

49 한국/나라 한

50 모 방

51 기록할 기

52 발 족

53 흙 토

54 강 강

문제 55-56 다음 漢字_{한자}의 상대 또는 반대되는 漢字_{한자}를 〈보기〉에서 골라 그 번호를 쓰세요.

보기
① 後 ② 內 ③ 兄 ④ 先

55 前 ↔ (　　)

56 (　　) ↔ 外

문제 57-58 다음 뜻에 맞는 漢字語_{한자어}를 〈보기〉에서 찾아 그 번호를 쓰세요.

보기
① 名物 ② 農土 ③ 三國 ④ 國土

57 나라의 영토

58 어느 지방에서 특별하게 이름난 물건

문제 59-60 다음 漢字_{한자}의 진하게 표시한 획은 몇 번째 쓰는지 〈보기〉에서 찾아 그 번호를 쓰세요.

보기
① 첫 번째 ② 두 번째 ③ 세 번째
④ 네 번째 ⑤ 다섯 번째 ⑥ 여섯 번째
⑦ 일곱 번째 ⑧ 여덟 번째
⑨ 아홉 번째

59

60

문제 1-22 다음 밑줄 친 漢字語한자어의 讀音(독음:읽는 소리)을 쓰세요.

보기

漢字 → 한자

1 그는 거짓말을 모를 만큼 **正直**합니다.

2 자연은 **後世**에게 물려줄 재산입니다.

3 이 책은 **上下** 두 권으로 되어 있습니다.

4 우리집 세탁기는 가까운 **電子** 대리점에서 구입했습니다.

5 준비할 **時間**이 부족합니다.

6 **四方**에서 사람들이 몰려들었습니다.

7 호랑이는 밤이 되자 **活動**을 시작했습니다.

8 경제적으로 **自立**하기 위해서 열심히 공부하고 있습니다.

9 이번 글짓기대회는 원고지 200자 **內外**의 글을 써야 합니다.

10 **江山**도 변한다는 십 년이 흘렀습니다.

11 오빠는 **全國**체육대회에서 금메달을 땄습니다.

12 할아버지는 **農事**가 잘 되어야 한해 근심이 없다고 하십니다.

13 빈 **空間**을 활용해서 작은 창고를 지었습니다.

14 삼촌은 우리나라의 바다를 지키는 **海軍**입니다.

15 **校長**실에서 나오는 선생님과 마주쳤습니다.

16 소녀는 웃으며 **左右**로 고개를 흔들었습니다.

17 훌륭한 家門에서 태어나 좋은 교육을 받고 자랐습니다.

18 부모님이 살아 계신 동안 孝道를 하지 못한 것을 후회하였습니다.

19 할머니는 가족 모두의 平安을 기도하십니다.

20 市場에는 신선한 야채들이 많습니다.

21 午後가 되니 솔솔 잠이 옵니다.

22 나는 姓名을 한자로 적을 수 있습니다.

문제 23-42 다음 漢字한자의 훈(訓:뜻)과 음(音:소리)을 쓰세요.

보기
字 → 글자 자

23 水

24 不

25 平

26 氣

27 南

28 海

29 力

30 火

31 工

32 話

33 八

34 十

35 西

36 手

37 民

38 車

39 世

40 靑

41 全

42 敎

문제 43-44 다음 밑줄 친 漢字語 한자어를 〈보기〉에서 찾아 그 번호를 쓰세요.

보기

① 先手 ② 車道 ③ 中間 ④ 食水

43 갑자기 한 아이가 차도로 뛰어들었습니다.

44 이 영화는 중간부터 보면 재미가 없어요.

문제 45-54 다음 訓(훈:뜻)과 音(음:읽는 소리)에 맞는 漢字한자를 〈보기〉에서 골라 그 번호를 쓰세요.

보기

① 記 ② 北 ③ 全 ④ 軍 ⑤ 四
⑥ 答 ⑦ 室 ⑧ 寸 ⑨ 名 ⑩ 八

45 군사 군

46 북녘 북

47 온전 전

48 대답 답

49 이름 명

50 마디 촌

51 기록할 기

52 넉 사

53 집 실

54 여덟 팔

문제 55-56 다음 漢字한자의 상대 또는 반대되는 漢字한자를 〈보기〉에서 골라 그 번호를 쓰세요.

보기
① 山 ② 海 ③ 東 ④ 南

55 (　　　) ↔ 西

56 江 ↔ (　　　)

문제 57-58 다음 뜻에 맞는 漢字語한자어를 〈보기〉에서 찾아 그 번호를 쓰세요.

보기
① 四方 ② 人物 ③ 一生 ④ 記事

57 신문, 잡지 등에 실린 어떠한 사실을 알리는 글

58 동, 서, 남, 북 네 방위를 통틀어 이르는 말

문제 59-60 다음 漢字한자의 진하게 표시한 획은 몇 번째 쓰는지 〈보기〉에서 찾아 그 번호를 쓰세요.

보기
① 첫 번째 ② 두 번째 ③ 세 번째
④ 네 번째 ⑤ 다섯 번째 ⑥ 여섯 번째
⑦ 일곱 번째 ⑧ 여덟 번째

59

60

공부한 날 : (   )년 (   )월 (   )일   맞은 문제 : (   )개

*합격기준은 42개!

문제 1-22 다음 밑줄 친 *漢字語*한자어의 *讀音*(독음:읽는 소리)을 쓰세요.

보기

漢字 → 한자

1 지난주 아버지의 **四寸** 결혼식에 다녀왔습니다.

2 오늘은 다같이 **敎室** 청소를 했습니다.

3 어머니는 내게 참을성이 **不足** 하다고 하십니다.

4 **小人**의 입장 요금은 대인의 반값입니다.

5 이 문제의 **正答**은 두 개입니다.

6 사람은 **直立** 동물로 두 발로 서서 생활합니다.

7 마지막 **校時**는 국어입니다.

8 할머니는 슬하에 **二男** 이녀를 두셨습니다.

9 떡볶이를 사먹고 싶은데 **手中**에 돈이 없습니다.

10 빈 칸에 **姓名**을 써 넣으시오.

11 나는 엄마의 딸이자 피아노 **弟子**입니다.

12 **力道**에서 한국 신기록을 세운 형이 자랑스럽습니다.

13 갖고 싶던 장난감의 가격은 **二萬** 원입니다.

14 결혼식장에 **一家**친척들이 모두 모였습니다.

15 **西山**으로 넘어가는 해가 아름답습니다.

16 할아버지는 **年金**을 받으며 생활하십니다.

17 오늘은 **學父母** 공개수업이 있는 날입니다.

18 **女王**개미는 보통 일개미보다 크며 개미 사회의 우두머리입니다.

19 이 마을의 **北方**에는 큰 산맥이 버티고 있습니다.

20 674년에 당나라 **大軍**이 신라에 쳐들어왔습니다.

21 해수욕장에는 사람들의 **安全**을 위하여 수영 금지선을 표시해 놓았습니다.

22 보건 **先生**님께서 교실을 찾아오셨습니다.

문제 23-42 다음 漢字한자의 훈(訓:뜻)과 음(音:소리)을 쓰세요.

보기

字 → 글자 자

23 五

24 門

25 內

26 三

27 電

28 每

29 孝

30 後

31 長

32 江

33 空

34 場

35 安

36 北

37 活

38 金

39 足

40 山

41 母

42 道

다음 밑줄 친 漢字語한자어를 〈보기〉에서 찾아 그 번호를 쓰세요.

보기

① 海物 ② 空間 ③ 道場 ④ 前日

43 자리를 좁혀 한 사람 더 앉을 공간을 만들었습니다.

44 체력 단련을 위해 매일 검도 도장에 다닙니다.

문제 45-54 다음 訓(훈:뜻)과 音(음:읽는 소리)에 맞는 漢字한자를 〈보기〉에서 골라 그 번호를 쓰세요.

보기

① 白 ② 外 ③ 年 ④ 西 ⑤ 車
⑥ 九 ⑦ 自 ⑧ 軍 ⑨ 動 ⑩ 午

45 스스로 자

46 낮 오

47 흰 백

48 해 년(연)

49 움직일 동

50 서녘 서

51 수레 거/차

52 군사 군

53 바깥 외

54 아홉 구

문제 55-56 다음 漢字_{한자}의 상대 또는 반대되는 漢字_{한자}를 〈보기〉에서 골라 그 번호를 쓰세요.

보기

① 弟 ② 外 ③ 母 ④ 手

55 兄 ↔ (　　　)

56 (　　　) ↔ 足

문제 57-58 다음 뜻에 맞는 漢字語_{한자어}를 〈보기〉에서 찾아 그 번호를 쓰세요.

보기

① 食水 ② 海水 ③ 小食 ④ 大氣

57 바다에 괴어 있는 짠물

58 공기를 이르는 말

문제 59-60 다음 漢字_{한자}의 진하게 표시한 획은 몇 번째 쓰는지 〈보기〉에서 찾아 그 번호를 쓰세요.

보기

① 첫 번째 ② 두 번째 ③ 세 번째
④ 네 번째 ⑤ 다섯 번째 ⑥ 여섯 번째
⑦ 일곱 번째 ⑧ 여덟 번째
⑨ 아홉 번째

59

60

공부한 날 : (   )년 (   )월 (   )일   맞은 문제 : (   )개

*합격기준은 42개!

문제 1-22 다음 밑줄 친 漢字語한자어의 讀音(독음:읽는 소리)을 쓰세요.

보기

漢字 → 한자

1 학교까지 걸어가는데 **二十** 분이 걸립니다.

2 올 여름에는 **前年**에 비해 비가 많이 내렸습니다.

3 3**校時**에는 등장인물이 되어 생각하고 발표하는 시간을 가졌습니다.

4 뒷산 약수터의 물은 동네 사람들의 **食水**로도 쓰이고 있습니다.

5 **不足**한 부분은 다음 시간에 보충하겠습니다.

6 **道民**들을 위한 체육관이 개관했습니다.

7 우리나라의 **大氣** 오염이 점점 심각해지고 있습니다.

8 어제 자리를 바꿔 교실 **中間**쯤에 앉게 되었습니다.

9 오랫동안 보지 못한 할아버지께 **電話**를 드렸습니다.

10 그는 봉사 **活動**을 열심히 합니다.

11 오빠에게 **女子** 친구가 생겼습니다.

12 **每年** 추석이 오면 엄마가 많이 바빠지십니다.

13 비가 와서 **室內** 놀이터를 찾았습니다.

14 신문에 우리 학교에 관한 **記事**가 실렸습니다.

15 그는 이 영화로 **海外** 영화제에서 상을 받았습니다.

16 십 년이면 **江山**도 변한다.

17 개학을 앞두고 규칙적인 **生活**을 하기로 결심했습니다.

18 **安全**을 위해 오래된 육교를 허물기로 했습니다.

19 아버지는 **農場**을 운영하십니다.

20 **軍人**으로 정년퇴직하신 할아버지가 자랑스럽습니다.

21 옷의 **上下**가 어울리지 않습니다.

22 **人工** 호수에는 주말이면 사람들이 붐빕니다.

문제 23-42 다음 漢字한자의 훈(訓:뜻)과 음(音:소리)을 쓰세요.

보기

字 → 글자 자

23 孝
24 答
25 父
26 長
27 教
28 不
29 姓
30 正
31 動
32 名
33 小
34 青
35 家
36 力
37 先
38 每
39 學
40 下
41 物
42 直

다음 밑줄 친 漢字語 한자어를 〈보기〉에서 찾아 그 번호를 쓰세요.

보기

① 農民 ② 生日 ③ 工場 ④ 一生

43 장마가 계속되어 <u>농민</u>들의 피해가 늘고 있습니다.

44 그는 병자를 치료하는 데에 <u>일생</u>을 바쳤습니다.

다음 訓(훈:뜻)과 音(음:읽는 소리)에 맞는 漢字한자를 〈보기〉에서 골라 그 번호를 쓰세요.

보기

① 火 ② 內 ③ 土 ④ 東 ⑤ 女
⑥ 萬 ⑦ 寸 ⑧ 市 ⑨ 平 ⑩ 左

45 흙 토

46 여자 녀(여)

47 평평할 평

48 저자 시

49 왼 좌

50 동녘 동

51 일만 만

52 안 내

53 마디 촌

54 불 화

문제 55-56 다음 漢字_{한자}의 상대 또는 반대되는 漢字_{한자}를 〈보기〉에서 골라 그 번호를 쓰세요.

보기

① 民 ② 先 ③ 北 ④ 西

55 王 ↔ (   )

56 (   ) ↔ 南

문제 57-58 다음 뜻에 맞는 漢字語_{한자어}를 〈보기〉에서 찾아 그 번호를 쓰세요.

보기

① 生食 ② 安全 ③ 水力 ④ 大氣

57 음식물을 익히지 않고 날로 먹음

58 흐르거나 떨어지는 물의 힘

문제 59-60 다음 漢字_{한자}의 진하게 표시한 획은 몇 번째 쓰는지 〈보기〉에서 찾아 그 번호를 쓰세요.

보기

① 첫 번째 ② 두 번째 ③ 세 번째
④ 네 번째 ⑤ 다섯 번째 ⑥ 여섯 번째
⑦ 일곱 번째 ⑧ 여덟 번째 ⑨ 아홉 번째
⑩ 열 번째 ⑪ 열한 번째 ⑫ 열두 번째
⑬ 열세 번째

59

60

전국한자능력검정시험 7급II 모의고사 제1회

60문항 | 50분 시험 | 시험일자 : 2020.○○.○○

＊성명과 수험번호를 쓰고 문제지와 답안지는 함께 제출하세요

성명 (   )   수험번호 □□□-□□-□□□□

문제 1-22 다음 밑줄 친 漢字語한자어의 讀音(독음:읽는 소리)을 쓰세요.

보기

漢字 → 한자

1 차를 사면서 **先金**을 지불했습니다.

2 아직 **室內**에서는 마스크를 써야 합니다.

3 멀리 사는 **三寸**이 오랜만에 우리 집에 오셨습니다.

4 우리 동네에는 외곽에 있는 **工場** 직원들이 많습니다.

5 이번 여름방학에는 **外家**에서 오래 머물렀습니다.

6 **事前**에 아버지와 상의를 해주었으면 좋겠구나.

7 팔을 **上下**로 크게 흔들며 구조 요청을 했습니다.

8 오래된 신문에서 아버지의 인터뷰 **記事**를 보았습니다.

9 이모는 **空間** 디자인을 하십니다.

10 늦은 **午後**까지 잠을 깰 수 없었습니다.

11 학교 앞 **人道**가 공사 중입니다.

12 **每月** 셋째 주 수요일은 대형마트가 쉬는 날입니다.

13 졸업식 날이 되자 **校門**에 꽃을 파는 상인들이 모였습니다.

14 할아버지는 거친 땅을 **農土**로 가꾸었습니다.

15 옆집 오빠는 멋진 **靑年**이 되었습니다.

16 **自動門**이 빙그르르 돌아갑니다.

17 **父子**는 붕어빵처럼 닮았습니다.

18 오빠는 부모로부터 <u>自立</u>하고 싶어합니다.

19 순식간에 <u>四方</u>이 어두워졌습니다.

20 <u>電氣</u>가 끊기고 나니 주위가 쥐 죽은 듯 조용해졌습니다.

21 짝꿍이 <u>江南</u>으로 이사 간다고 합니다.

22 너무 놀라 <u>不動</u> 자세로 굳어 있었습니다.

문제 23-42 다음 漢字한자의 훈(訓:뜻)과 음(音:소리)을 쓰세요.

보기

字 → 글자 자

23 間

24 世

25 平

26 土

27 六

28 小

29 東

30 北

31 七

32 時

33 市

34 安

35 白

36 活

37 正

38 五

39 姓

40 中

41 弟

42 室

다음 밑줄 친 漢字語한자어를 〈보기〉에서 찾아 그 번호를 쓰세요.

보기

① 軍人 ② 水中 ③ 自白 ④ 不時

43 작은아버지는 군인이십니다.

44 마침내 범인이 자백했습니다.

문제 45-54 다음 訓(훈:뜻)과 音(음:읽는 소리)에 맞는 漢字한자를 〈보기〉에서 골라 그 번호를 쓰세요.

보기

① 海 ② 水 ③ 全 ④ 話 ⑤ 八
⑥ 南 ⑦ 母 ⑧ 每 ⑨ 白 ⑩ 名

45 매양 매

46 온전 전

47 바다 해

48 흰 백

49 남녘 남

50 말씀 화

51 이름 명

52 여덟 팔

53 물 수

54 어머니 모

문제 55-56 다음 漢字한자의 상대 또는 반대되는 漢字한자를 〈보기〉에서 골라 그 번호를 쓰세요.

보기

① 木 ② 水 ③ 大 ④ 中

55 火 ↔ (   )

56 (   ) ↔ 小

문제 57-58 다음 뜻에 맞는 漢字語_{한자어}를 〈보기〉에서 찾아 그 번호를 쓰세요.

> **보기**
>
> ① 下直 ② 下山 ③ 門全 ④ 門前

57 문의 앞쪽

58 먼 길을 떠날 때 웃어른께 작별을 고하는 것

문제 59-60 다음 漢字_{한자}의 진하게 표시한 획은 몇 번째 쓰는지 〈보기〉에서 찾아 그 번호를 쓰세요.

> **보기**
>
> ① 첫 번째 ② 두 번째 ③ 세 번째
> ④ 네 번째 ⑤ 다섯 번째 ⑥ 여섯 번째
> ⑦ 일곱 번째 ⑧ 여덟 번째
> ⑨ 아홉 번째

59

60

전국한자능력검정시험 7급II 모의고사 제2회

60문항 | 50분 시험 | 시험일자 : 2020.○○.○○

*성명과 수험번호를 쓰고 문제지와 답안지는 함께 제출하세요

성명 (   )   수험번호 □□□-□□-□□□□

문제 1-22 다음 밑줄 친 漢字語한자어의 讀音(독음:읽는 소리)을 쓰세요.

보기

漢字 → 한자

1 어머니는 **孝子** 아들이 자랑스럽습니다.

2 **東方** 박사들은 아기 예수에게 경배하였습니다.

3 **大學**에 다니는 사촌오빠가 놀러왔습니다.

4 **萬金**을 준다고 해도 팔지 않을 겁니다.

5 너무 무서워 손이 **四方**으로 흔들렸습니다.

6 사고 현장 수습과 **事後** 대책 마련에 분주합니다.

7 혹시 누가 들을까 **左右**를 한 번 둘러보았습니다.

8 한반도는 **南北**으로 나뉘어 있습니다.

9 **市場**에는 사람들이 북새통을 이룹니다.

10 **時間**을 지키는 것은 신뢰의 기본이라고 합니다.

11 **手中**에 돈이 얼마 없습니다.

12 전 **國土**를 누비고 다녔습니다.

13 썩은 이빨을 **白金**으로 때웠습니다.

14 올겨울 기온은 **平年**과 비슷하거나 조금 낮겠습니다.

15 집에 오니 **不安**했던 마음이 사라졌습니다.

16 자동차 박물관에서 세계의 **名車**들을 볼 수 있었습니다.

17 **中立**을 지키지 않은 심판이 사람들의 비난을 샀습니다.

18 나의 한자공부는 **長足**의 발전

을 보였습니다.

19 우리 차에는 *後方* 카메라가 설치되어 있습니다.

20 여름철이 되자 *電力* 소비량이 급격히 늘어났습니다.

21 *水道*를 덜 잠갔는지 물방울 떨어지는 소리가 들려왔습니다.

22 편의점에서 *生水* 한 병을 샀습니다.

문제 23-42 다음 漢字한자의 훈(訓:뜻)과 음(音:소리)을 쓰세요.

보기
字 → 글자 자

23 民

24 十

25 立

26 王

27 全

28 長

29 空

30 食

31 西

32 先

33 男

34 物

35 力

36 自

37 子

38 直

39 軍

40 車

41 門

42 左

문제 43-44 다음 밑줄 친 漢字語한자어를 〈보기〉에서 찾아 그 번호를 쓰세요.

보기
① 食水 ② 江水 ③ 生氣 ④ 生手

43 그녀는 생기 있고 발랄한 모습이었습니다.

44 이 지역은 강수량이 적어 식수가 부족합니다.

문제 45-54 다음 訓(훈:뜻)과 音(음:읽는 소리)에 맞는 漢字한자를 〈보기〉에서 골라 그 번호를 쓰세요.

보기
① 東 ② 手 ③ 世 ④ 室 ⑤ 外
⑥ 間 ⑦ 事 ⑧ 記 ⑨ 足 ⑩ 靑

45 바깥 외

46 발 족

47 인간 세

48 기록할 기

49 동녘 동

50 일 사

51 푸를 청

52 집 실

53 손 수

54 사이 간

문제 55-56 다음 漢字한자의 상대 또는 반대되는 漢字한자를 〈보기〉에서 골라 그 번호를 쓰세요.

보기
① 左 ② 上 ③ 月 ④ 江

55 ( ) ↔ 山
56 右 ↔ ( )

문제 57-58 다음 뜻에 맞는 漢字語 한자어를 〈보기〉에서 찾아 그 번호를 쓰세요.

보기

① 手動 ② 每事 ③ 直立 ④ 每四

57 꼿꼿하게 바로 섬

58 하나하나의 모든 일

문제 59-60 다음 漢字한자의 진하게 표시한 획은 몇 번째 쓰는지 〈보기〉에서 찾아 그 번호를 쓰세요.

보기

① 첫 번째 ② 두 번째 ③ 세 번째
④ 네 번째 ⑤ 다섯 번째 ⑥ 여섯 번째
⑦ 일곱 번째 ⑧ 여덟 번째

59

60

문제 1-22 다음 밑줄 친 漢字語한자어의 讀音(독음:읽는 소리)을 쓰세요.

보기

漢字 → 한자

1 숲속에 사는 **動物**들이 많습니다.

2 **兄弟**도 아닌데 얼굴이 닮았습니다.

3 **孝道**해야 하는데 마음먹은 대로 잘되지 않습니다.

4 제가 **安全**하게 모셔다드리겠습니다.

5 우리집은 **學校**에서 가깝습니다.

6 오빠는 **三寸**의 키만큼 자랐습니다.

7 잠을 계속 자도 **不足**합니다.

8 **工事** 중 통행에 불편을 드려 죄송합니다.

9 **父母**는 자식이 행복하기를 바랍니다.

10 이 모형을 만들 때 딱풀이나 물풀 대신 **木工** 풀을 썼습니다.

11 우리 **農場**은 자연 농법을 써서 재배합니다.

12 **電話**벨 소리에 잠을 깼습니다.

13 그 애는 새로운 학교 **生活**에 금방 적응했습니다.

14 5학년 **教室**은 3층에 있습니다.

15 파란색 **大門**이 보였습니다.

16 여기에 **姓名**과 연락처를 적어주세요.

17 독도는 역사적으로나 사회적으로나 우리의 **國土**입니다.

18 여름 방학이면 **外四寸**과 함께 지냈습니다.

19 엄마는 **後食**으로 커피 한 잔을 마셨습니다.

20 연주가 끝나자 사람들이 <u>一時</u>
에 박수를 치기 시작했습니다.

21 <u>世上</u>에는 참 신기한 일들이 많
습니다.

22 우리는 내친김에 <u>市內</u> 구경을
나섰습니다.

문제 23-42 다음 漢字_{한자}의 훈(訓:뜻)
과 음(音:소리)을 쓰세요.

보기

字 → 글자 자

23 場

24 午

25 年

26 答

27 手

28 間

29 下

30 不

31 記

32 空

33 孝

34 靑

35 每

36 右

37 話

38 五

39 山

40 工

41 萬

42 韓

문제 43-44 다음 밑줄 친 漢字語_{한자어}를 〈보기〉에서 찾아 그 번호를 쓰세요.

보기

① 正答 ② 江山 ③ 市中 ④ 時中

43 정답이 머릿속에서 뱅뱅 돌 뿐 입이 떨어지지 않았습니다.

44 이 약은 시중 약국에서도 쉽게 구할 수 있습니다.

문제 45-54 다음 訓(훈:뜻)과 音(음:읽는 소리)에 맞는 漢字_{한자}를 〈보기〉에서 골라 그 번호를 쓰세요.

보기

① 西 ② 軍 ③ 大 ④ 名 ⑤ 正
⑥ 江 ⑦ 漢 ⑧ 氣 ⑨ 平 ⑩ 海

45 기운 기

46 큰 대

47 바를 정

48 한수/한나라 한

49 서녘 서

50 평평할 평

51 군사 군

52 바다 해

53 강 강

54 이름 명

문제 55-56 다음 漢字_{한자}의 상대 또는 반대되는 漢字_{한자}를 〈보기〉에서 골라 그 번호를 쓰세요.

보기

① 子 ② 南 ③ 東 ④ 女

55 男 ↔ (   )

56 北 ↔ (   )

문제 57-58 다음 뜻에 맞는 漢字語_{한자어}를 〈보기〉에서 찾아 그 번호를 쓰세요.

보기

① 西方 ② 東方 ③ 平年 ④ 每年

57 풍년도 흉년도 아닌 보통 수확을 올린 해

58 해가 지는 쪽. 서유럽의 자본주의 국가

문제 59-60 다음 漢字_{한자}의 진하게 표시한 획은 몇 번째 쓰는지 〈보기〉에서 찾아 그 번호를 쓰세요.

보기

① 첫 번째 ② 두 번째 ③ 세 번째
④ 네 번째 ⑤ 다섯 번째 ⑥ 여섯 번째
⑦ 일곱 번째 ⑧ 여덟 번째
⑨ 아홉 번째 ⑩ 열 번째 ⑪ 열한 번째
⑫ 열두 번째 ⑬ 열세 번째

59

60

★ 시험 답안지 작성은 이렇게!

❗ **필기구는 반드시 검정색 볼펜, 일반 수성(플러스)펜만!**
연필, 컴퓨터용 펜 등은 뭉개져 흐려지거나 번져 제대로 채점되지 않을 수 있어요. 검정
색이 아닌 경우도 마찬가지

❗ **답안 수정은 수정액과 수정테이프로!**
수정할 게 많을 땐 답안지를 새로 받아서 작성하는 게 좋아요.

❗ **어린 아이들의 경우 연필과 비슷한 사용감의 펜을 미리 준비하기**
수정액·수정테이프 사용법도 미리 익히는 게 좋아요.

❗ **답안지 앞·뒷면의 각 귀퉁이에 있는 ■ 표식은 절대 건드리지 않아요!**
전산입력 시 사용되는 인식기준점이에요. 이게 손상되면 답안지를 인식하지 못해 0점
처리될 수도 있답니다.

★ 응시자 정보 기재

성명, 수험번호, 생년월일은
반드시 응시원서와 똑같이
작성해요.

모든 항목은 맨 앞 칸부터
띄어쓰기 없이 써 넣어요.

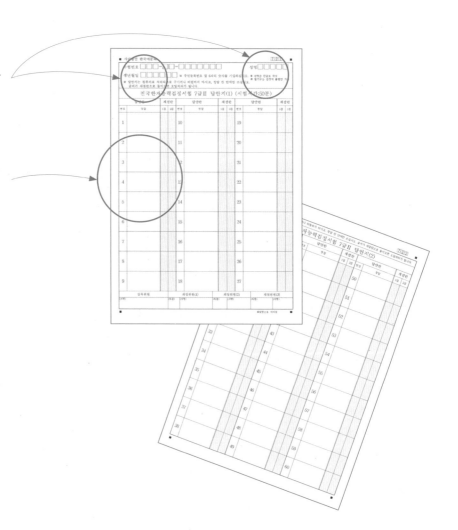

모의고사 1회 전국한자능력검정시험 7급II 답안지(1)

번호	정답	1점	2점	번호	정답	1점	2점	번호	정답	1점	2점
	답안란	채점란			답안란	채점란			답안란	채점란	
1				10				19			
2				11				20			
3				12				21			
4				13				22			
5				14				23			
6				15				24			
7				16				25			
8				17				26			
9				18				27			

감독위원	채점위원(1)		채점위원(2)		채점위원(3)	
(서명)	(득점)	(서명)	(득점)	(서명)	(득점)	(서명)

모의고사 1회 전국한자능력검정시험 7급II 답안지(2)

답안란		채점란		답안란		채점란		답안란		채점란	
번호	정답	1점	2점	번호	정답	1점	2점	번호	정답	1점	2점
28				39				50			
29				40				51			
30				41				52			
31				42				53			
32				43				54			
33				44				55			
34				45				56			
35				46				57			
36				47				58			
37				48				59			
38				49				60			

모의고사 2회 전국한자능력검정시험 7급II 답안지(1)

번호	정답	1점	2점	번호	정답	1점	2점	번호	정답	1점	2점
	답안란	채점란			답안란	채점란			답안란	채점란	
1				10				19			
2				11				20			
3				12				21			
4				13				22			
5				14				23			
6				15				24			
7				16				25			
8				17				26			
9				18				27			

감독위원	채점위원(1)		채점위원(2)		채점위원(3)	
(서명)	(득점)	(서명)	(득점)	(서명)	(득점)	(서명)

모의고사 2회 전국한자능력검정시험 7급 II 답안지(2)

번호	정답	1점	2점	번호	정답	1점	2점	번호	정답	1점	2점
	답안란	채점란			답안란	채점란			답안란	채점란	
28				39				50			
29				40				51			
30				41				52			
31				42				53			
32				43				54			
33				44				55			
34				45				56			
35				46				57			
36				47				58			
37				48				59			
38				49				60			

수험번호 □□□-□□-□□□□   성명 □□□□□
생년월일 □□□□□□
　　　※ 주민등록번호 앞 6자리 숫자를 기입하십시오.

※ 성명은 한글로 작성
※ 필기구는 검정색 볼펜만 가능

＊답안지는 컴퓨터로 처리되므로 구기거나 더럽히지 마시고, 정답 칸 안에만 쓰십시오.
　글씨가 채점란으로 들어오면 오답처리가 됩니다.

모의고사 3회 전국한자능력검정시험 7급II 답안지(1)

번호	정답	1점	2점	번호	정답	1점	2점	번호	정답	1점	2점
	답안란	채점란			답안란	채점란			답안란	채점란	
1				10				19			
2				11				20			
3				12				21			
4				13				22			
5				14				23			
6				15				24			
7				16				25			
8				17				26			
9				18				27			

감독위원	채점위원(1)		채점위원(2)		채점위원(3)	
(서명)	(득점)	(서명)	(득점)	(서명)	(득점)	(서명)

모의고사 3회 전국한자능력검정시험 7급II 답안지(2)

번호	정답	1점	2점	번호	정답	1점	2점	번호	정답	1점	2점
	답안란	채점란			답안란	채점란			답안란	채점란	
28				39				50			
29				40				51			
30				41				52			
31				42				53			
32				43				54			
33				44				55			
34				45				56			
35				46				57			
36				47				58			
37				48				59			
38				49				60			

정답

연습문제 1

01	해군	02	오후
03	목수	04	사촌
05	강산	06	수도
07	좌우	08	성명
09	형제	10	중간
11	여자	12	해외
13	칠십	14	생활
15	인물	16	전화
17	실내	18	자력
19	평안	20	전교
21	국가	22	세상
23	농사 농	24	모 방
25	낮 오	26	가르칠 교
27	편안 안	28	발 족
29	물 수	30	윗 상
31	움직일 동	32	빌 공
33	일 사	34	푸를 청
35	평평할 평	36	배울 학
37	마당 장	38	곧을 직
39	인간 세	40	매양 매
41	문 문	42	밥/먹을 식
43	②	44	④
45	②	46	④
47	⑤	48	⑨
49	③	50	⑧
51	⑥	52	⑩
53	⑦	54	①
55	①	56	④
57	③	58	①
59	③	60	⑥

연습문제 2

01	교장	02	시간
03	수족	04	농장
05	가내	06	동방
07	일기	08	기도
09	오전	10	식후
11	효자	12	전화
13	세상	14	생동
15	시립	16	해물
17	공사	18	성명
19	백군	20	정답
21	전력	22	정직
23	가르칠 교	24	흙 토
25	일곱 칠	26	설 립(입)
27	말씀 화	28	아홉 구
29	북녘 북	30	아들 자
31	여자 녀(여)	32	빌 공
33	왼 좌	34	뒤 후
35	낮 오	36	바깥 외
37	손 수	38	성 성
39	남녘 남	40	바다 해
41	장인 공	42	온전 전
43	④	44	①
45	⑩	46	⑧
47	④	48	⑦
49	②	50	⑨
51	③	52	⑤
53	⑥	54	①
55	③	56	①
57	②	58	③
59	④	60	④

연습문제 3

01	좌우	02	일시
03	오년	04	세상
05	매일	06	시민
07	국군	08	공장
09	대기	10	안전
11	수평	12	공중

13	이십	14	실내
15	목공	16	전화
17	학교	18	해외
19	청산	20	왕자
21	전방	22	생활
23	빌 공	24	어머니 모
25	아래 하	26	흰 백
27	북녘 북	28	때 시
29	매양 매	30	마당 장
31	한수/한나라 한	32	말씀 화
33	이름 명	34	물 수
35	먼저 선	36	일만 만
37	푸를 청	38	바를 정
39	수레 거/차	40	아니 불/부
41	살 활	42	여섯 륙(육)
43	②	44	④
45	⑧	46	④
47	②	48	⑩
49	⑨	50	⑦
51	⑤	52	①
53	⑥	54	③
55	③	56	①
57	④	58	③
59	⑨	60	⑤

19	안전	20	불평
21	전기	22	학생
23	가운데 중	24	임금 왕
25	서녘 서	26	스스로 자
27	낮 오	28	학교 교
29	장인 공	30	발 족
31	북녘 북	32	수레 거/차
33	대답 답	34	나무 목
35	달 월	36	말씀 화
37	기록할 기	38	기운 기
39	마디 촌	40	밥/먹을 식
41	힘 력(역)	42	아버지 부
43	①	44	③
45	④	46	⑨
47	②	48	⑥
49	⑩	50	③
51	①	52	⑦
53	⑤	54	⑧
55	④	56	①
57	②	58	③
59	⑦	60	①

연습문제 4

01	청년	02	평안
03	공기	04	모녀
05	대소	06	사물
07	효도	08	시간
09	장남	10	수동
11	만일	12	자녀
13	한국	14	하차
15	직립	16	선생
17	좌우	18	해수

연습문제 5

01	매월	02	가장
03	공장	04	전화
05	오전	06	교문
07	정답	08	군인
09	교실	10	생일
11	왕자	12	차도
13	효녀	14	간식
15	동물	16	형제
17	수력	18	선후
19	자생	20	교내
21	장녀	22	직후
23	먼저 선	24	흙 토

25	배울 학	26	동녘 동
27	아니 불/부	28	작을 소
29	남녘 남	30	석 삼
31	모 방	32	바깥 외
33	번개 전	34	마디 촌
35	아홉 구	36	흰 백
37	날 생	38	여덟 팔
39	저자 시	40	이름 명
41	불 화	42	기록할 기
43	①	44	③
45	⑦	46	①
47	⑤	48	⑨
49	④	50	③
51	⑧	52	⑥
53	⑩	54	②
55	④	56	①
57	②	58	③
59	⑤	60	⑧

연습문제 6

01	성	02	정문
03	실내	04	매일
05	강산	06	평안
07	하교	08	남북
09	시장	10	농토
11	화력	12	전군
13	명답	14	공군
15	좌우	16	전년
17	만일	18	세상
19	한강	20	공중
21	생기	22	기사
23	나무 목	24	일곱 칠
25	낮 오	26	어머니 모
27	왼 좌	28	일만 만
29	바깥 외	30	날 생

31	스스로 자	32	때 시
33	모 방	34	살 활
35	길 도	36	말씀 화
37	마디 촌	38	바다 해
39	장인 공	40	가운데 중
41	바를 정	42	군사 군
43	③	44	②
45	⑨	46	⑥
47	⑦	48	③
49	④	50	⑧
51	⑤	52	⑩
53	②	54	①
55	①	56	②
57	④	58	①
59	⑥	60	⑦

연습문제 7

01	정직	02	후세
03	상하	04	전자
05	시간	06	사방
07	활동	08	자립
09	내외	10	강산
11	전국	12	농사
13	공간	14	해군
15	교장	16	좌우
17	가문	18	효도
19	평안	20	시장
21	오후	22	성명
23	물 수	24	아니 불/부
25	평평할 평	26	기운 기
27	남녘 남	28	바다 해
29	힘 력(역)	30	불 화
31	장인 공	32	말씀 화
33	여덟 팔	34	열 십
35	서녘 서	36	손 수

37 백성 민   38 수레 거/차
39 인간 세   40 푸를 청
41 온전 전   42 가르칠 교
43 ②   44 ③
45 ④   46 ②
47 ③   48 ⑥
49 ⑨   50 ⑧
51 ①   52 ⑤
53 ⑦   54 ⑩
55 ③   56 ①
57 ④   58 ①
59 ③   60 ⑥

43 ②   44 ③
45 ⑦   46 ⑩
47 ①   48 ③
49 ⑨   50 ④
51 ⑤   52 ⑧
53 ②   54 ⑥
55 ①   56 ④
57 ②   58 ④
59 ⑥   60 ⑥

연습문제 8

01 사촌   02 교실
03 부족   04 소인
05 정답   06 직립
07 교시   08 이남
09 수중   10 성명
11 제자   12 역도
13 이만   14 일가
15 서산   16 연금
17 학부모   18 여왕
19 북방   20 대군
21 안전   22 선생
23 다섯 오   24 문 문
25 안 내   26 석 삼
27 번개 전   28 매양 매
29 효도 효   30 뒤 후
31 긴 장   32 강 강
33 빌 공   34 마당 장
35 편안 안   36 북녘 북
37 살 활   38 쇠 금/성씨 김
39 발 족   40 메/산 산
41 어머니 모   42 길 도

연습문제 9

01 이십   02 전년
03 교시   04 식수
05 부족   06 도민
07 대기   08 중간
09 전화   10 활동
11 여자   12 매년
13 실내   14 기사
15 해외   16 강산
17 생활   18 안전
19 농장   20 군인
21 상하   22 인공
23 효도 효   24 대답 답
25 아버지 부   26 긴 장
27 가르칠 교   28 아닐 불/부
29 성 성   30 바를 정
31 움직일 동   32 이름 명
33 작을 소   34 푸를 청
35 집 가   36 힘 력(역)
37 먼저 선   38 매양 매
39 배울 학   40 아래 하
41 물건 물   42 곧을 직
43 ①   44 ④
45 ③   46 ⑤
47 ⑨   48 ⑧

49	⑩	50	④
51	⑥	52	②
53	⑦	54	①
55	①	56	③
57	①	58	③
59	⑩	60	④

모의고사 제1회

01	선금	02	실내
03	삼촌	04	공장
05	외가	06	사전
07	상하	08	기사
09	공간	10	오후
11	인도	12	매월
13	교문	14	농토
15	청년	16	자동문
17	부자	18	자립
19	사방	20	전기
21	강남	22	부동
23	사이 간	24	인간 세
25	평평할 평	26	흙 토
27	여섯 륙(육)	28	작을 소
29	동녘 동	30	북녘 북
31	일곱 칠	32	때 시
33	저자 시	34	편안 안
35	흰 백	36	살 활
37	바를 정	38	다섯 오
39	성 성	40	가운데 중
41	아우 제	42	집 실
43	①	44	③
45	⑧	46	③
47	①	48	⑨
49	⑥	50	④
51	⑩	52	⑤
53	②	54	⑦

55	②	56	③
57	④	58	①
59	④	60	⑧

모의고사 제2회

01	효자	02	동방
03	대학	04	만금
05	사방	06	사후
07	좌우	08	남북
09	시장	10	시간
11	수중	12	국토
13	백금	14	평년
15	불안	16	명차
17	중립	18	장족
19	후방	20	전력
21	수도	22	생수
23	백성 민	24	열 십
25	설 립(입)	26	임금 왕
27	온전 전	28	긴 장
29	빌 공	30	밥/먹을 식
31	서녘 서	32	먼저 선
33	사내 남	34	물건 물
35	힘 력(역)	36	스스로 자
37	아들 자	38	곧을 직
39	군사 군	40	수레 거/차
41	문 문	42	왼 좌
43	③	44	①
45	⑤	46	⑨
47	③	48	⑧
49	①	50	⑦
51	⑩	52	④
53	②	54	⑥
55	④	56	①
57	③	58	②
59	⑦	60	⑥

모의고사 제3회

01	동물	02	형제
03	효도	04	안전
05	학교	06	삼촌
07	부족	08	공사
09	부모	10	목공
11	농장	12	전화
13	생활	14	교실
15	대문	16	성명
17	국토	18	외사촌
19	식후	20	일시
21	세상	22	시내
23	마당 장	24	낮 오
25	해 년(연)	26	대답 답
27	손 수	28	사이 간
29	아래 하	30	아닐 불/부
31	기록할 기	32	빌 공
33	효도 효	34	푸를 청
35	매양 매	36	오른 우
37	말씀 화	38	다섯 오
39	메/산 산	40	장인 공
41	일만 만	42	한국/나라 한
43	①	44	③
45	⑧	46	③
47	⑤	48	⑦
49	①	50	⑨
51	②	52	⑩
53	⑥	54	④
55	④	56	②
57	③	58	①
59	⑥	60	⑫